ASM Shahidul Haque

Padrão de resposta das pessoas afectadas pela erosão do rio Tista

ASM Shahidul Haque

Padrão de resposta das pessoas afectadas pela erosão do rio Tista

ScienciaScripts

Cover image: www.ingimage.com

This book is a translation from the original published under ISBN 978-613-4-90231-1.

Publisher:
Sciencia Scripts
is a trademark of
Dodo Books Indian Ocean Ltd. and OmniScriptum S.R.L publishing group

120 High Road, East Finchley, London, N2 9ED, United Kingdom
Str. Armeneasca 28/1, office 1, Chisinau MD-2012, Republic of Moldova, Europe
Printed at: see last page
ISBN: 978-620-8-08482-0

Índice

AGRADECIMENTOS 2
RESUMO EXECUTIVO 3
CAPÍTULO 1 4
CAPÍTULO 2 15
CAPÍTULO 3 20
CAPÍTULO 4 28
CAPÍTULO 5 45

Agradecimentos

Dr. Mahbubullah, o honorável presidente do departamento e meu supervisor, pela sua valiosa visão e conselhos na seleção do meu tópico de investigação, metodologia de investigação e conceção do questionário. Gostaria também de expressar a minha gratidão a todos os professores do curso pelo seu esforço em fazer-nos compreender as questões relacionadas com o desenvolvimento. Em particular, agradeço sinceramente ao Dr. Taiabur Rahman pela sua generosidade, ao Dr. Niaz Ahmed Khan pela sua discussão e ao Dr. Atiur Rahman pela sua intenção de clarificar o desenvolvimento na nossa realidade socioeconómica.

Gostaria de aproveitar esta oportunidade para agradecer a numerosos autores de cujos escritos retirei informações para este relatório. Descarreguei informações da Internet e utilizei-as extensivamente. Os nomes e endereços constam do anexo para demonstrar o meu apreço.

Tenho de agradecer ao Sr. Mahbubar Rahman (Apu), que me ajudou muito na realização das entrevistas. Por último, mas não menos importante, presto a minha homenagem a todos os entrevistados que nos ajudaram a dar a sua opinião.

Resumo executivo

Este relatório foi preparado para cumprir um requisito parcial para a obtenção do grau de Mestre em Desenvolvimento do Departamento de Estudos de Desenvolvimento da Universidade de Dhaka. Este relatório tentou esclarecer os problemas da erosão fluvial e a forma como as pessoas lidam com ela. O estudo foi efectuado sobre a população do dique do rio Tista que vive em Lalmonirhat Sadar Upazilla.

A investigação foi efectuada através de grupos de discussão e entrevistas pessoais em 3 sindicatos da área-alvo. Foi selecionada uma amostra de conveniência de 48 pessoas (16 x 3) para as entrevistas presenciais do grupo da população-alvo.

Parece haver uma relação entre a condição financeira e a estratégia de sobrevivência. É evidente que as pessoas podem antecipar a erosão fluvial seguindo de perto o padrão de erosão fluvial ao longo dos anos. Se conseguirem antecipar a ameaça de perderem a casa, mudam-na para locais seguros. As pessoas solventes têm geralmente diferentes fontes de rendimento, como empregos, negócios e rendimentos provenientes da agricultura. Assim, o impacto da erosão fluvial não é grave para elas.

O problema mantém-se com as pessoas que têm uma capacidade financeira muito limitada. As razões financeiras impedem-nas de mudar de casa. Na altura em que o rio se aproxima perigosamente, arranjam um local para se abrigarem temporariamente. O abrigo temporário pode ser na propriedade do governo, nas estradas, nas barragens de proteção contra as cheias ou em casas de terceiros. Para satisfazer as necessidades básicas, as pessoas utilizam as poupanças. Depois, a opção seguinte é vender qualquer pequeno bem que tenham. Pode tratar-se de objectos de decoração, estanho, animais domésticos, mobiliário ou loiça. A venda de terrenos ou a concessão de hipotecas são outras opções. A procura de empréstimos é outra forma de estratégia de sobrevivência para as pessoas afectadas pela erosão. As pessoas também procuram ajudas, subsídios e ajuda de fontes governamentais e não governamentais.

73,5% dos inquiridos expressaram a sua opinião de que a criação de emprego é a chave para minimizar o efeito da erosão fluvial nas pessoas pobres e ultra pobres. Muitos outros (66%) pensaram que a ajuda financeira pode ser eficaz para este fim. No entanto, uma percentagem insignificante de pessoas apelou à atribuição de terrenos e de facilidades de habitação às pessoas afectadas para minimizar as suas perdas. É evidente que é necessária uma política governamental forte para ajudar as pessoas afectadas pela erosão fluvial.

CAPÍTULO 1: FACTOS RELATIVOS À AUTORIZAÇÃO

Padrão de enfrentamento das pessoas

Afectados pela erosão e pelas inundações do rio Tista que vivem em Lalmonirhat Upazilla

1.1. Origem do relatório

Este relatório foi preparado para cumprir um requisito parcial para a obtenção do grau de Mestre em Desenvolvimento do Departamento de Estudos de Desenvolvimento da Universidade de Dhaka. O tópico foi finalizado pelo supervisor, Prof. Dr. Mahbubullah, depois de discutir várias propostas de alternativas apresentadas ao departamento. Este relatório foi preparado de acordo com as instruções verbais do departamento e do supervisor.

1.2. Objetivo

O objetivo da dissertação é demonstrar a aprendizagem e a compreensão das questões relacionadas com o desenvolvimento enquanto estudante.

O presente relatório tentará esclarecer os problemas da erosão fluvial e a forma como as pessoas lidam com essa situação. O estudo foi efectuado com a população das margens do rio Tista que vive em Lalmonirhat Sadar Upazilla. Os resultados darão uma ideia do modo como as pessoas enfrentam a erosão fluvial.

1.3. Âmbito de aplicação

A investigação foi efectuada em três Uniões - Tista, Rajpur e Kalamati - da Upazilla de Lalmonirhat Sadar, sobre a população dos diques do rio Tista.

1.4. Limitação

A informação foi recolhida nas semanas 2nd e 3rd de junho de 2009, durante a estação das chuvas. Pouco antes dessa altura, ocorreu uma inundação repentina. O período de meados de abril a junho é a época de colheita do arroz e do milho. As pessoas estavam muito ocupadas com as suas actividades de colheita e pós-colheita. As pessoas estavam preocupadas com as chuvas fortes, as inundações repentinas e o preço de mercado dos seus produtos agrícolas. Por isso, o tempo era-lhes muito precioso. Por outro lado, as pessoas estão muito familiarizadas com as actividades das ONG. Não estavam muito entusiasmadas em responder a um questionário relacionado com um tema miserável como a erosão fluvial e as inundações sem qualquer benefício visível. Foi uma tarefa relativamente difícil motivá-las. Uma amostra de maior dimensão teria produzido melhores resultados. Mas as entrevistas de uma amostra conveniente mostram que as pessoas não estão muito interessadas em revelar as suas misérias. Houve limitações de tempo. A seleção da amostra não foi equilibrada em termos de género. Uma amostragem equilibrada em termos de género poderia ter esclarecido o tema de uma perspetiva diferente. O questionário de investigação não se centrou muito na estratégia de sobrevivência das pessoas, uma vez que a investigação não abrange muito seriamente os aspectos comportamentais nem os psicológicos. Não foi incluída qualquer ferramenta matemática para interpretar os resultados e obter um resultado objetivo. Mesmo assim, o resultado reflecte as estratégias de sobrevivência das pessoas afectadas pela erosão fluvial de uma forma simples e realista. Os resultados podem assim ser utilizados para conceber uma investigação mais alargada.

1.5. Prévia da literatura

Binayak Sen[1] resumiu os impactos dos desastres naturais como - danos às colheitas, à habitação e danos similares causados por calamidades naturais. Também identificou outros impactos como - riscos para a saúde (despesas com doenças dos membros e morte de animais devido a doenças), insegurança pessoal (dacoidade, roubo, expulsão da terra, trapaça de dinheiro, litígio de terras, agressão física, ameaças físicas, assédio policial, despesas de tribunal/polícia, violação e abandono de mulheres), despesas (com o casamento da filha) e outros incluem a morte do principal ganhador.

O seu documento sugere igualmente que todas as categorias de riscos são tão importantes para os pobres como para os não pobres. Os pobres são, em geral, mais susceptíveis de correr riscos relacionados com a saúde e a insegurança pessoal do que os não pobres. No entanto, também foi dito que os riscos relacionados com as "catástrofes naturais" são mais proeminentes no caso dos não pobres do que no dos pobres. Isto deve-se ao facto de os não pobres possuírem mais terra e activos pecuários.

Hoddinott (2000)[2] sugere algumas medidas para as pessoas afectadas por calamidades naturais. Sugerem que pode haver "opções suaves", como o crédito sem juros, e "opções mais duras", como o desinvestimento de activos. Cada opção terá diferentes tipos de impacto no nível de pobreza. Se os pobres vulneráveis tiverem de vender os seus activos e/ou desfazer-se das suas últimas poupanças, não só ficam mais pobres a curto prazo, como também podem acabar presos na pobreza a longo prazo. Assim, muitos dos não pobres de hoje podem vir a ser *os pobres de amanhã* se estiverem sujeitos a riscos de rotina e se os custos de fazer face a esses riscos tiverem de ser suportados apenas através de opções mais difíceis. A imagem espelhada desta situação é a possibilidade inversa, segundo a qual, através de melhores mecanismos de seguro contra riscos (ou seja, uma melhor resposta com custos mais baixos), muitos dos actuais pobres podem escapar à armadilha da pobreza. (para uma análise, ver Baulch e Hoddinott 2000).

Quadro 1: Mecanismo de resposta por estatuto de pobreza, 1994

Grupos de pobreza por rendimento per capita	**Mecanismo de resposta**		
	Reação positiva	**Reação negativa**	**Dissipação**
Extremamente pobre	29.9	18.0	52.0
Moderado Pobre	24.9	20.2	54.9
Não pobres	24.8	18.7	66.4
Nota: A "resposta positiva" inclui a mobilização de crédito em condições favoráveis e o apoio da rede de parentesco. O "enfrentamento negativo" inclui a venda de activos e empréstimos com juros elevados. A poupança representa a "categoria intermédia".			

Fonte: Rahman (1996)

Assim, as respostas das famílias podem ser classificadas em três grandes grupos

(a) adaptação positiva (por exemplo, mobilização de crédito suave a uma taxa de juro zero ou baixa, mobilização de apoio de parentes),

(b) enfrentamento negativo (exemplos: venda de activos em dificuldades, empréstimos a taxas de juro elevadas), e

(c) a poupança, que é uma categoria intermédia. (o facto de um agregado familiar pobre, com poupanças muito reduzidas, não ter acesso ao mercado de crédito em alturas de crise faz com que se trate de uma forma negativa de lidar com a situação. Da mesma forma, pode obter uma classificação positiva se o dissidente for um não pobre com poupanças consideráveis)

Quadro 2: Fonte de satisfação dos riscos relacionados com os perigos para a saúde no último ano, 1994

	Extremo Pobres	**Moderado Pobre**	**Não pobres**	**Todos**
Não fez nada	0.9	5.9	3.3	3.4
Dissipação	56.3	54.2	74.2	65.0
Venda/hipoteca de terrenos	2.7	4.2	1.6	2.5
Venda de activos permanentes	0.9	7.6	4.9	4.7
Mobilização de crédito (todas as fontes)	25.0	19.4	6.2	13.9
Apoio aos parentes	5.4	3.4	3.3	3.8
Outros	8.8	5.3	2.8	2.3
Total	**100.0**	**100.0**	**100.0**	**100.0**

Fonte: Begum (1996)

Um estudo efectuado pelo BIDS (em 1987, 1990 e 1994) revelou que o Bangladesh regista movimentos consideráveis de entrada e saída da pobreza. Durante 1990-94, cerca de 38% dos agregados familiares permaneceram na pobreza, enquanto cerca de 27% permaneceram acima do limiar de pobreza. Os outros 35% dos casos, porém, envolveram movimentos de entrada e saída: 17% dos agregados familiares tornaram-se novamente pobres, enquanto 18% escaparam à pobreza. Uma distribuição semelhante foi observada no período 1987-90.

Tabela 3: Vulnerabilidade induzida por riscos e movimento descendente da pobreza, 1989-94

Causas de Deterioração	Todos Agregados Relatórios Deterioração	Agregados Deslizamento de Moderado a Extremo	Agregados Deslizamento de Não-Pobre em Extremo	Agregados Deslizamento de Não-pobre em Moderado
		Pobreza	Estatuto de pobreza	Mau estado
I. Risco Factores	**34.7**	**29.9**	**27.7**	**47.8**
1. Catástrofe natural:	13.0	11.9	6.9	19.1
(a) Perda de colheitas	12.3	11.9	6.9	16.7
(b) Perda de gado	0.7	-	-	2.4
2. Perigo para a saúde	12.3	7.5	20.7	14.3
3. Insegurança pessoal:	3.6	3.0	-	7.2
4. Outros:	5.8	7.5	-	7.2

a. Morte do membro que aufere rendimentos	3.6	6.0	-	2.4
b. Despesas de cerimónia social	2.2	1.5	-	4.8
II. Ciclo de vida Factores:	**27.5**	**25.4**	**27.6**	**31.0**
a. Aumento de dependentes	21.0	20.9	13.8	26.2
b. Cisão na família	6.5	4.5	13.8	4.8
III. Factores estruturais:	**37.8**	**44.7**	**44.8**	**21.2**
a. Diminuição do emprego	16.6	25.4	10.3	7.2
b. Negociação em declínio	2.9	3.0	3.4	2.4
c. Diminuição do aluguer de terrenos	3.6	3.0	3.4	4.8
Acesso				
d. Falta de fundo de maneio	9.4	9.0	20.7	2.4
e. Aumento da	2.9	3.0	3.4	2.4

inflação				
f.. Outros	2.4	1.3	3.6	2.0
V. Total	**100.0**	**100.0**	**100.0**	**100.0**

Fonte: Sen (1996)

A pobreza crónica é frequentemente o resultado de uma ecologia vulnerável. A fome de 1974 foi particularmente grave nas faixas de erosão fluvial nos thanas e uniões mais deprimidos economicamente dos actuais distritos de Kurigram, Lalmonirhat, Gaibandha e Jamalpur [3]. Estas zonas foram também as mais afectadas durante as grandes inundações de 1988 e 1998. Tanto o Governo como as ONG estiveram muito activos na distribuição em grande escala de cereais alimentares através do programa de alimentação de grupos vulneráveis, do programa "Cash-for-Works" e de uma série de programas de assistência alimentar para as épocas de escassez, essencialmente destinados a evitar o potencial fracasso de direitos que pode conduzir à fome. As bolsas de miséria têm estado no centro dos programas de emprego direcionados (a chamada "rede de segurança") com apoio de ajuda alimentar para impedir a emigração de pessoas como refugiados ambientais (Islam, N. 2001).

Amartya Sen, nos seus escritos sobre a fome, sublinhou a importância de uma oposição ativa e de uma imprensa livre para a erradicação da pobreza.

As pessoas das zonas ecologicamente vulneráveis têm mais dificuldade em recuperar porque, para além de terem poucas poupanças ou outros activos, tendem a ter menos acesso do que as zonas mais ricas ao emprego não agrícola e ao microcrédito. Também têm dificuldade em pedir emprestado o dinheiro para migrar. E uma vez que todos são afectados simultaneamente, os mercados de activos e de crédito também entram em colapso - uma consequência do "risco covariável". Embora todos os agregados familiares nestas zonas estejam expostos ao risco ecológico, os mais vulneráveis são os pequenos proprietários e os trabalhadores agrícolas.

Algumas pesquisas que seguiram abordagens geográficas e comportamentais para estudar o desastre têm interpretações enganosas sobre os problemas e o comportamento do povo do Bangladesh (Islam, 1974). Eles vêem as pessoas do Bangladesh como 'tradicionalmente fatalistas'. Esta ideia errada veio de certas respostas dadas pelas pessoas rurais em resposta a perguntas tais como, "O que é que faz quando a inundação atinge a sua propriedade?" e da resposta, "Reza a Deus". As razões para tais respostas não foram estudadas cuidadosamente (Rahman, 1988). Zaman (1989; 1986) salienta que os comportamentalistas não compreendem o contexto sociocultural do ajustamento da população do Bangladesh. No entanto, o estudo de Alam (1991) analisa os factores comportamentais humanos no contexto das relações sociais existentes. Ele vê as pessoas propensas a inundações em relação à vulnerabilidade e argumenta que o comportamento das pessoas difere consoante o sexo, a idade, o grupo étnico e o estatuto económico. [4]

1.6. Antecedentes históricos

1.6.1História de Lalmonirhat

O distrito de Lalmonirhat (divisão de Rajshahi), com uma área de 1241,46 km2, é limitado pelos distritos de Kuchbihar e Jalpaiguri de Bengala Ocidental (Índia) a norte, pelo distrito de Rangpur a sul, pelo distrito de Kurigram e pelo distrito de Kuchbihar de Bengala Ocidental a leste e pelos distritos de Nilphamari e Rangpur a oeste. O distrito tem uma forma estriada. Os principais rios são 7, sendo os mais conhecidos Tista, Dharla e Saniajan. O rio Saniajan, proveniente dos Himalaias, tem uma corrente forte. Os rios Sarnamati, Trimohoni, Ratnai e Sati estão quase assoreados. O maior projeto de irrigação do país, o projeto de barragem de Tista (615 m de comprimento), está situado em Doani, na upazila de Hatibandha. Temperatura: máxima 32,3 C, mínima 11,2 C; precipitação total 2931 mm.

Administração O distrito de Lalmonirhat foi criado em 1984. É constituído por 5 upazilas, 2 municípios, 18 alas, 85 mahallas, 41 paróquias sindicais, 425 mouzas, 484 aldeias e 33 enclaves. As upazilas são lalmonirhat sadar, aditmari, hatibandha, kaliganj e patgram; os municípios: Lalmonirhat Sadar e Patgram. Lalmonirhat pode ser considerado um distrito de enclaves. A área total dos 33 enclaves (27 estão em Patgram) é de 1807 hectares. Os maiores e mais notáveis enclaves são Dahagram e

Angarpota. O corredor de Tin-Bigha liga estes dois enclaves ao território principal.

População 1088918; homens 50,57%, mulheres 49,43%; muçulmanos 83,2%, hindus 16,5%, budistas 0,01%, cristãos 0,13%, população étnica (Koch, Rajbanshi e Santal) 0,16%.

Literacia média 66,6%; homens 63,9%, mulheres 69,9%. Principais actividades Agricultura 50,61%, trabalhador agrícola 26,05

Total de terras cultiváveis 91771 hectares, pousio 3484 hectares; silvicultura 122 hectares; cultura única 23%, cultura dupla 61% e cultura tripla 16%; terras irrigadas 61%.

Entre os camponeses, 23% não têm terra, 27% são marginais, 25 são pequenos, 20% são intermédios e 5% são ricos; a terra cultivável per capita é de 0,09 hectares.

O valor de mercado dos terrenos de primeira categoria é de 7000 a 12000 Tk por 0,01 hectare.

Principais culturas - arroz, tabaco, cana-de-açúcar, %, trabalhadores assalariados 3,32%, comércio 7,97%, serviços 4,1% e outros 7,95%. Culturas extintas e quase extintas - variedades locais de arroz aus e aman, juta, china, tisha, futi. Principais frutos - manga, jaca, noz de bétel, lichia, uva, coco, banana, papaia. Incubadora 75, viveiro privado 29,23 hectares; pesca 635, lacticínios 16, pecuária 139, aves de capoeira 194.

Meios de comunicação Estradas: pucca 252,46 km, semi pucca 104,20 km e estrada de lama 2264 km; caminhos-de-ferro 92 km, estação ferroviária 17; vias navegáveis 18 milhas náuticas.

Transportes tradicionais Palanquim (extinto), carro de cavalos e carros de bois (quase extintos), e barco. Fábricas Armazém frigorífico 2, moinho de farinha 8, moinho de azeite 3, fábrica de gelo 13, serração 39, fábrica de biscoitos 5, soldadura 42, fábrica de caramelos 2 e moinho de descasque 212. O número total de chapéus e bazares é de 81, as feiras 48.

Principais exportações: arroz, batata, milho, tabaco e noz de bétel.

Actividades das ONG grameen bank, brac, proshika, Family Health Clinic, Sabus Chhata, asa, rdrs, Apan Gram Progati (OVA). Centros de saúde Hospital 7, complexo de saúde upazila 4, clínica satélite 13, clínica privada 5, centro de diagnóstico 6, maternidade 16, hospital pediátrico 1, centro sindical de saúde e planeamento familiar 53.

1.6.1.1. Lalmonirhat Sadar

Lalmonirhat Sadar tem 49935 unidades de alojamento e uma área total de 259,54 km^2 . Segundo o recenseamento do Bangladesh de 1991, Lalmonirhat Sadar tem uma população de 260876 habitantes. Os homens constituem 51,52% da população e as mulheres 48,48%. A população desta Upazila é de 131281. Lalmonirhat Sadar tem uma taxa média de alfabetização de 27,7% (7+ anos) e a média nacional é de 32,4% de alfabetizados.

Lalmonirhat Sadar tem 12 Unions/Wards, 167 Mauzas/Mahallas e 147 aldeias.

1.6.2História do rio Tista

O rio Tista é um importante rio da região norte do Bangladesh. O rio nasce no lago Chitamu, nos Himalaias de Sikkim, a uma altitude de cerca de 7.200 m, e desce primeiro para a planície de Darjeeling e depois para a planície de Duar, em Bengala Ocidental (Índia). Corre através de um magnífico desfiladeiro conhecido como Sivok Gola em Darjeeling. É um rio selvagem nas colinas de Darjeeling, onde o seu vale está coberto de floresta densa, mas a sua área de drenagem nas montanhas é de apenas 12 500 km2. Entra no Bangladesh na fronteira de Kharibari, no distrito de Nilphamari.

Até ao final do século XVIII, corria diretamente para o Ganges. As chuvas excessivas de 1787 provocaram uma grande inundação e obstruíram o canal original do Atrai. O resultado foi o rebentamento do Tista no Ghagat que, nessa altura, era um rio muito pequeno. Depois de passar pelos distritos de Lalmonirhat, Rangpur, Kurigram e Gaibandha, este dilúvio cai no Jamuna a sul do porto fluvial de Chilmari.

O comprimento total do rio é de cerca de 315 km, dos quais cerca de 115 km se situam no Bangladesh. O atual Tista é o resultado da acumulação dos caudais dos rios

Karaotoya, Atrai e Jamuneshwari. Na verdade, o nome Bangla Tista vem de Tri-Srota ou três caudais. Tista tem um caudal médio mensal de cerca de 2 430 cumec. Vários canais antigos que foram ocupados por este rio e pelo Karatoya, através do qual se juntou ao Ganges, são ainda conhecidos como Buri Tista ou Old Tista.

1.6.2.1. Erosão do rio Tista

Os rios Jamuna e Brahmaputra atravessam a parte oriental da grande Rangpur. O rio Tista vem do norte, corre de oeste para leste e encontra o Jamuna. Além disso, quatro outros rios de caudal intenso, nomeadamente os rios Dhorla, Korotoya, Punarvaba e Bangali, encontram-se com o Bhamaputra e o Jamuna. O resultado são enormes planícies de inundação instáveis. Todos os anos se registam erosões fluviais graves nestas planícies aluviais. Devido à erosão fluvial, as habitações humanas e as terras de cultivo são destruídas num lado e novas áreas de terra são formadas noutro. Estas áreas de terra recém-formadas são conhecidas como chars. A fixação humana, os meios de subsistência e as práticas agrícolas nos chars são difíceis devido à natureza básica destes chars. O isolamento insular dos chars torna os seus habitantes mais vulneráveis. Geralmente, as pessoas poderosas das terras adjacentes ocupam os chars e utilizam os colonos como arrendatários para o cultivo. A maioria das pessoas cultiva a terra para subsistência, seguindo práticas tradicionais e tem medo de investir devido ao risco natural e às incertezas dos mercados.

A erosão fluvial e as inundações são um acontecimento regular na vida das pessoas que vivem no dique do rio Tista sob Lalmonirhat Sadar Upazilla em Tista, Rajpur e Kalamati Union. A erosão do rio afecta o nível de vida das pessoas. Mas as pessoas estão a lidar com esta situação há muitos anos. O presente estudo tem por objetivo compreender a forma como as pessoas enfrentam esta calamidade.

Capítulo-2 : Panorama da investigação

2.1. Título da investigação:

Padrão de resposta das pessoas afectadas pela erosão e pelas inundações do rio Tista que vivem em Lalmonirhat Upazilla

2.2. Declaração do problema:

O trabalho de investigação tem por objetivo encontrar o padrão de resposta das pessoas afectadas pela erosão fluvial que vivem na margem do rio Tista em Uninons selecionadas de Lalmonirhat Upazilla.

Todos os anos, o Tista provoca inundações nas estações das chuvas. Muitas vezes também altera o seu curso. Neste processo, altera o ambiente natural à volta do seu dique. Todos os anos, muitos hectares de terras agrícolas são perdidos devido à erosão do rio. Muitos hectares também perderam a fertilidade devido ao enchimento de areia após a drenagem das águas das cheias. Assim, o rio Tista está a afetar o nível de vida das pessoas que vivem nas suas margens.

Este trabalho tem como objetivo descobrir como as pessoas lidam com as alterações provocadas pela erosão fluvial, uma vez que a agricultura e o nível de vida da população de Lalmonirhat Sadar Upazilla são afectados pela erosão e pelas inundações do rio Tista.

2.3. Justificação da investigação:

O rio Tista entra no Bangladesh a partir do estado indiano de Bengala Ocidental, na fronteira de Kharibari, no distrito de Nilphamari. Depois de atravessar o distrito de Nilphamari, passa por Lalmonirhat, Rangpur, Kurigram e Gaibandha, e depois este dilúvio cai no Jamuna, a sul do porto fluvial de Chilmari.

O distrito de Lalmonirhat faz parte do grande distrito de Rangpur e é atualmente famoso como a zona de "Monga". A "Monga" é geralmente conhecida como fome sazonal entre as pessoas pobres durante um determinado período de tempo em cada ano neste distrito.

Todos os anos, a população de Lalmonirhat Sadar Upazilla é afetada pelas inundações e pela erosão fluvial causadas pelo rio Tista. As pessoas perdem colheitas, terras agrícolas, gado, a fertilidade das terras recuperadas, bem como vidas e agregados familiares.

Pode haver uma forte ligação entre as acções do rio e 'monga' entre as pessoas pobres.

Este relatório, embora de forma muito limitada, poderá identificar o impacto do rio Tista na agricultura e no nível de vida das populações e a forma como estas lidam com essas alterações. Assim, os resultados podem dar início a projectos de investigação de maior envergadura ou ajudar os decisores políticos a formular políticas para melhorar a situação. Por conseguinte, este trabalho de investigação justifica-se.

2.4. Quadro teórico

2.5. Objectivos gerais e específicos:

Objectivos gerais da investigação

□ Para descobrir como é que as pessoas que fazem aterros lidam com a erosão do rio Tista.

□ Descobrir de que forma o rio Tista afecta o nível de vida das pessoas que vivem na sua zona de aterro.

Objectivos específicos da investigação

□ Verificar a mudança de ocupação devido à perda de terra, de agregado familiar e de rendimento.

□ Descobrir o impacto no nível de vida das pessoas que vivem na sua zona de aterro.

□ Para saber se as ONG estão a contribuir efetivamente ou não.

□ Para descobrir a verdadeira face de "Monga".

□ Encontrar formas de lidar com estes problemas, de acordo com as pessoas afectadas.

□ Para saber que produtos agrícolas são tradicionalmente e geralmente cultivados na zona.

- □ Para descobrir o efeito do rendimento na mudança da cultura tradicional.
- □ Descobrir os efeitos dos recursos sociais comuns.
- □ Verificar as alterações no acesso aos recursos sociais comuns.
- □ Descobrir a alteração da demografia devido à alteração do caudal do rio.

2.6. Metodologia da investigação:

► Trata-se de investigação primária.

► Fontes de informação

-Recolha de dados primários através do estudo de grupos de reflexão e de entrevistas presenciais.

-Dados secundários de fontes publicadas (principalmente da Internet)

A investigação foi dividida em duas partes. I) Grupo de discussão ii) Entrevista presencial

-Grupo de discussão:

Foram realizados três grupos de discussão para obter uma ideia global dos peritos de três sindicatos.

-Entrevista presencial:

Foram realizadas entrevistas presenciais com um questionário estruturado para recolher dados primários.

► **População - as pessoas** vivem na margem do rio Tista, na Upazilla de Lalmonirhat Sadar. A Upazilla de Lalmonirhat Sadar tem 9 sindicatos. Destas 9 uniões, apenas três foram selecionadas - Gokunda, Rajpur e Khuiagach - porque o rio Tista atravessa estas 3 uniões. Por conseguinte, a minha população-alvo vive aí e representa as pessoas afectadas pela erosão fluvial, uma vez que são frequentemente afectadas pela erosão fluvial.

► Foi utilizada uma amostragem aleatória simples.

► Tamanho da amostra (amostragem conveniente)

Grupo de discussão - 3 grupos de discussão, 1 por cada sindicato (em 3 sindicatos)

Entrevista presencial - 48 (16 X 3) inquiridos. 16 (4 X 4) em cada sindicato.

Por conveniência, foi selecionada uma amostra de 48 pessoas (16 x 3) para uma entrevista presencial do grupo da população-alvo. Sabia-se que a erosão fluvial é um fenómeno comum nesta área (ver o mapa). O resultado de uma população maior (i.e. 5% ou mais) teria produzido um bom resultado. No entanto, as pessoas da zona das margens do rio têm uma história semelhante para contar. Assim, uma amostra pequena e conveniente não produzirá um resultado diferente. Por isso, optou-se por uma amostragem conveniente para poupar tempo e recursos. A questão foi discutida com o meu supervisor e ele aconselhou-o em conformidade. A amostra de 16 pessoas de cada sindicato foi dividida em 4 grupos: solventes (que vivem bem o ano inteiro), maioritariamente solventes (que vivem bem mais de 9 meses por ano), pobres (que vivem bem mais de 6 meses por ano) e ultra pobres (que vivem bem mais de 3 meses por ano).

Para além disso, a fim de fazer um balanço e verificar os resultados, foi também incluído no processo um grupo de discussão (com peritos, ou seja, pessoas que têm um conhecimento profundo da situação). Foram planeados 3 grupos de discussão em cada um dos 3 sindicatos-alvo para se obter uma imagem completa.

Assim, acredita-se que a informação recolhida é autêntica e reflecte os pontos de vista da população.

►Processo de investigação:

-Para o grupo de discussão (em anexo são dadas orientações indicativas) - a opinião dos peritos foi sobre o problema da erosão fluvial, o padrão de resposta e a situação socioeconómica das pessoas afectadas na área alvo. Foi realizado um grupo de discussão em três sindicatos cada.

-Para a entrevista presencial (o questionário é apresentado em anexo), foram entrevistadas 48 (16+16+16) amostras (em 3 sindicatos) selecionadas aleatoriamente durante uma caminhada pela aldeia situada na margem do rio Tista da minha população-alvo. Das 16 amostras (em cada união), 4 pertenciam ao grupo dos solventes, 4 pertenciam ao grupo dos maioritariamente solventes, 4 pertenciam ao grupo dos pobres e 4 pertenciam ao grupo dos ultra pobres.

A informação recolhida foi depois analisada para se conhecer o resultado.

►Foi igualmente recolhida informação de fontes secundárias para compreender, explicar e conduzir a investigação.

Capítulo 3

3. Conclusões do estudo do grupo de reflexão

3.1 Informações gerais

A área de investigação, Lalmonirhat Sadar Upazilla, tem 9 uniões. O rio Tista atravessa 3 dos 9 sindicatos (ver o mapa). A população das uniões de Gokunda, Rajpur e Khuniagach desta upazilla sofre mais com a erosão fluvial, que é um fenómeno muito comum nesta zona. Quase todos os anos, o rio Tista muda o seu curso e altera a geografia desta zona. As pessoas perdem as suas terras, casas, árvores e outros bens. A erosão fluvial tem um impacto grave no nível de vida das pessoas desta zona.

Esta investigação foi realizada com o objetivo de descobrir o padrão de sobrevivência das pessoas nesta área. A intenção era recolher informações sobre a situação socioeconómica das pessoas desta zona e fazer-lhes perguntas sobre a forma como lutam contra o problema da erosão fluvial.

A área total de investigação era de 66,08 km2 , abrangendo 3 uniões da parte sul de Lalmonirhat Sadar Upazilla, com uma população total de 97 390 habitantes. O rio Tista atravessa estas 3 uniões. O rio Tista atravessa a união de Gokunda de norte a sul. No entanto, este rio atravessa o norte de Rajpur e Khuniagacha de norte a sul. Assim, as pessoas desta zona são vítimas da erosão fluvial.

3.2 Sistemas de cultura em parcelas

As pessoas que vivem nas margens do rio são geralmente agricultores pobres. A erosão do rio e o solo arenoso dos chars tornam a sua vida difícil. Os agricultores pobres abstêm-se frequentemente de cultivar porque não podem suportar os custos e o trabalho da agricultura. Outra causa é a calamidade natural. Esta zona não é apenas uma zona de erosão, mas também de inundações. A dependência da natureza torna o cultivo ainda mais arriscado. As culturas de rendimento, como o tabaco e a batata, são muito arriscadas. Alguns dias de mau tempo podem destruir uma boa colheita. Assim, o risco de investir na agricultura é enorme para os agricultores marginais. Por esta razão, a cultura em comum, a agricultura por contrato e o arrendamento de terras são muito populares. Os agricultores que dispõem de algumas terras preferem a cultura em comum a cultivar sozinhos. Os agricultores com terras limitadas e os agricultores sem terra trabalham frequentemente como meeiros.

O sistema de cultura de partilha é tradicional. Se o proprietário partilhar metade dos custos de produção, receberá metade da colheita produzida. Se não partilhar os custos de produção, receberá um terço da colheita produzida.

As pessoas ricas da localidade e do exterior investem na agricultura da zona, nomeadamente na cultura da batata. Existem dois sistemas para o efeito. Em primeiro lugar, o proprietário da terra e o agricultor comercial pretendente podem celebrar um contrato. As condições podem ser fixadas pelas partes. Outro sistema muito popular é o arrendamento. As pessoas tomam arrendamento por um período de 6 meses, geralmente, com um pagamento único de Tk. 2500 a Tk. 1500 por Doon (27 decimel), dependendo da qualidade da terra (Quadro 4).

Quadro :4 : Visão geral da área-alvo

	Gokunda	Khuniagach	Rajpur
Área	26,58 km2	23,0 km2	16,5 km2
População	42,235	29,429	25,726
Partilhar estilo de recorte	1. Metade da partilha de custos metade da produção 2. Base contratual 3. Base de aluguer	1. Metade da partilha de custos metade da produção 2. Base contratual 3. Base de aluguer	1. Metade da partilha de custos metade da produção 2. Base contratual 3. Base de aluguer
Duração	6 meses	6 meses	6 meses
Tipo de terreno	3 culturas/ano	3 culturas/ano	3 culturas/ano
Taxa/Cargo	Tk. 2500.00 por Doon (27 decimel)	Tk. 1500.00 por Doon (27 decimel)	Tk. 1500.00 por Doon (27 decimel)

3.3 Situação laboral

A situação da mão de obra nesta área é importante porque esta área é frequentemente chamada de área pornográfica 'monga'. Os dados do quadro 5 mostram que a taxa de mão de obra é de Tk.

150 a Tk. 100, consoante a disponibilidade de mão de obra. A mão de obra é abundante na maior parte do ano, exceto no inverno.

Há falta de oportunidades de emprego. Os agricultores pobres não têm terra nem poder financeiro para se dedicarem a actividades agrícolas. As pessoas nesta área têm de vender mão de obra para ganhar dinheiro. Mas as oportunidades de emprego no sector industrial são inexistentes. As pessoas migram para as cidades vizinhas para trabalhar. Uma vez que não possuem quaisquer competências, preferem puxar riquexós, seja em Rangpur ou em Dhaka ou Chittagong ou mesmo em Siligury. Emigram para qualquer sítio em busca de trabalho que não exija competências. Envolvem-se em trabalhos perigosos.

Tabela:5 : Taxa de mão de obra e disponibilidade

	Taxa de trabalho de recolha	Tempo	Baixa taxa de mão de obra	Tempo	Mais disponíveis	Menos disponível	Outra opção de emprego.
Gokund a	Tk.150	maio e novembro	Tk.100	Outros	setembro-outubro Nov	maio e novembro	Trabalho de riquexó e diarista
Khunia gach	Tk.100	Nov - Dez	Tk.100	Outros	novembro-dezembro	DezJan-Fev	Migração externa/R ickshaw
Rajpur	Tk.100	Nov - Dez	Tk.100	Outros	novembro-dezembro	DezJan-Fev	Migração externa/R

							ickshaw

3.4 Hábito alimentar

Os resultados da nossa investigação mostram que as pessoas preferem 3 moinhos por dia. O arroz é o preferido de todos. As pessoas solventes consomem arroz 3 vezes por dia (Quadro 6). A maioria das pessoas solventes tem capacidade para comer arroz pelo menos 2 vezes por dia. As pessoas pobres e ultra pobres não podem comer arroz pelo menos 2 vezes por dia durante todo o ano. Têm de equilibrar com outros tipos de alimentos.

Tabela:6 : Consumo de alimentos

	Gokunda	Khuniagach	Rajpur
Solvente	Tempos de(3 arroz)	Tempos de(3 arroz)	Tempos de(3 arroz)
Principalmente solvente	Tempos de(2 arroz)	Tempos de(2 arroz)	Tempos de(2 arroz)
Pobres	Arroz e outros	Arroz e outros	Arroz e outros
Muito pobre	Arroz e outros	Arroz e outros	Arroz e outros

3.5 Tipo de casa

Os dados da pesquisa apresentados na Tabela 7 mostram que mais de 75% das casas na área de pesquisa são de estanho. Isto significa que o telhado da casa é feito de estanho. Enquanto cerca de 30% das casas são feitas de palha e bambu. Este tipo de casa não dura muito tempo e incorre em custos de reparação todos os anos. Apenas 1% a 5% das casas são construídas em tijolo. Os materiais de construção das casas reflectem a situação financeira das pessoas que vivem nesta área. (Quadro 7)

Tabela:7 : Tipos de casas

	Gokunda	Khuniagach	Rajpur
Construção em	05%	01%	01%

tijolo			
Sombra de estanho	75%	74%	80%
Kaccha	20%	25%	29%

3.6 Pecuária e recursos naturais

A informação fornecida no quadro 8 dá uma imagem dos bens naturais e dos recursos pecuários da área de investigação. Em média, 60% dos agregados familiares possuem animais domésticos. Mais de 90% das casas têm aves de capoeira. No entanto, a situação da piscicultura não é muito animadora. Apenas em média 15% dos agregados familiares têm lagos, mas não existe piscicultura científica. Existe alguma piscicultura tradicional. A situação em Gokunda é comparativamente melhor. A maioria das casas tem árvores. As pessoas plantam árvores para obter frutos e madeira. A plantação de árvores como o eucalipto é vista porque cresce rapidamente e garante dinheiro. No entanto, o eucalipto não é bom para o ambiente.

Quadro:8 : Pecuária e recursos naturais

	Casas com animais domésticos (%)	Casas com aves de capoeira (%)	Casas com lago (%)	Casas com árvores de fruto/madeira (%)	Tipos de árvores
Gokunda	60%	90%	25%	92%	Manga, jaca, Ukaliptus, Neem, Mehogani
Khuniagach	50%	95%	12%	70%	Manga, jaca, Ukaliptus &Neem
Rajpur	70%	95%	10%	90%	Manga, jaca, Ukaliptus &Neem

3.7 Segmentação socioeconómica

Os dados do quadro 9 mostram que menos de 15% das pessoas pertencem à categoria dos solventes (o que significa que estão bem de vida durante todo o ano). Estas pessoas podem dispor de 3 moinhos da sua preferência ao longo do ano. O número de pessoas que estão bem de vida durante 9 meses, mas não durante todo o ano, é de cerca de 30%. As pessoas pobres constituem mais de 33% da população total desta zona. Em média, 25% pertencem à categoria dos ultra pobres. Estas pessoas não podem assegurar a alimentação durante mais de 3 meses por ano. No resto do ano, permanecem numa situação de risco. Se não conseguirem emprego, podem ter de passar fome. Mais uma vez, são sobretudo afectados por calamidades naturais. São estas as pessoas que constituem a maior parte dos trabalhadores migrantes que se deslocam para cidades distantes em busca de oportunidades de emprego.

No entanto, parece que a distância do centro comercial também tem algum efeito sobre a situação financeira. A comunicação rodoviária é mais próxima da união de Gokunda. A situação financeira de Gokunda é melhor do que a dos outros dois sindicatos.

Gokunda tem uma elevada percentagem de pessoas solventes e uma menor percentagem de pessoas ultra pobres.

Quadro:9 : Condição económica

	Solvente ano inteiro (%) **S**	Solvente há mais de 9 meses (%) **MS**	Solvente há mais de 6 meses (%) **P**	Solvente há mais de 3 meses (%) **UP**	Observação
Gokunda	15%	30%	40%	15%	Menos UP
Khuniagach	10%	35%	25%	30%	
Rajpur	10%	25%	35%	30%	

3.8 Padrão de enfrentamento da erosão fluvial

A discussão do grupo de discussão focal lançou alguma luz sobre o padrão de sobrevivência das pessoas afectadas pela erosão fluvial na área de investigação. A Tabela-10 apresenta o resumo do padrão de sobrevivência em diferentes cenários de perda.

As conclusões dos três sindicatos reflectem a mesma história. O investigador, enquanto conduzia as entrevistas, encontrou um padrão simples na estratégia de sobrevivência e na condição financeira. Os entrevistados disseram que as pessoas podem antecipar a erosão do rio seguindo o padrão de erosão do rio. Não é difícil antecipar o curso futuro do rio, mas o momento pode estar errado, uma vez que o rio pode ou não sofrer erosão todos os anos. Mesmo o ritmo da erosão não é sempre o mesmo. As pessoas com capacidade financeira planeiam com antecedência para enfrentar a erosão do rio. Se puderem antecipar a ameaça de perderem a casa, mudam-na para locais seguros. O problema mantém-se com as pessoas que têm uma capacidade financeira muito limitada. As razões financeiras impedem-nas de mudar de casa. Rezam a Deus", como refere Islam (1974) no seu artigo. Mesmo assim, quando o rio se aproxima perigosamente, arranjam um lugar para se abrigarem temporariamente. A casa pode ser transferida para outro terreno, ou para a berma da estrada do governo, ou para a barragem de proteção do rio ou para a casa de outros. Os infelizes só ficam à espera da erosão efectiva. Não têm outra hipótese senão tornarem-se fatalistas.

No entanto, as pessoas não podem realmente fazer nada contra a erosão das terras cultiváveis. Têm de esperar por uma altura em que a terra seja recuperada. Mais uma vez, é preciso tempo para que o solo arenoso recupere os nutrientes para poder produzir colheitas de qualidade. A Tabela 10 reflecte a dura realidade das pessoas afectadas pela erosão. As pessoas gastam as suas poupanças, vendem ou hipotecam os seus bens ou contraem empréstimos para obterem dinheiro para sobreviverem a esta situação difícil. Ocupam terrenos do governo para se abrigarem e construírem casas temporárias. Vendem os poucos bens que possuem para arranjar comida.

Tabela:10 : Padrão de resposta em caso de erosão fluvial

Questão	Gokunda	Khuniagach	Rajpur
Casa	Desviados para estradas/barragen	Desviados para estradas/barragens ou	Desviados para estradas/barragens ou

	s ou propriedade alheia	propriedade alheia	propriedade alheia
Terreno		Terras do Estado ou de terceiros	Terras do Estado ou de terceiros
Alimentação	Empréstimo/ajuda de terceiros	Empréstimo/trabalho/ajuda de terceiros	Empréstimo/trabalho/ajuda de terceiros
Activos	Vendaou hipoteca	Vendaou hipoteca	Venda ou hipoteca
Padrão de vida	Degradação miserável	Degradação miserável	Degradação miserável
Ocupação	Trabalho de riquexó e diarista	Trabalho de riquexó e diarista	Procura de subsídios/Puxar riquexó e trabalho diário

A ocupação muda devido à erosão do rio. Geralmente, tornam-se trabalhadores ou puxadores de riquexó. Muitos deles têm de se tornar requerentes de ajuda ou de subsídios. O seu nível de vida diminui. Geralmente, as crianças deixam de ir à escola. Os filhos das pessoas afectadas têm de entrar no mercado de trabalho para ganhar a vida. Por vezes, as pessoas afectadas reduzem o número de membros da família. Enviam os seus filhos para trabalhar como empregados domésticos em famílias abastadas. Os membros femininos da família também têm de partilhar o fardo da erosão fluvial. Trabalham como empregadas domésticas em famílias abastadas para se alimentarem. Chegam mesmo a empregar-se como diaristas para a sua subsistência.

3.9 Sugestão do grupo de reflexão

O resultado da discussão do grupo de foco foi equívoco sobre as soluções para a erosão do rio. Pensaram que a ajuda financeira e a criação de emprego para as pessoas afectadas poderiam aliviar o seu sofrimento.

Capítulo 4

4. Conclusões da entrevista presencial

4.1 Situação socioeconómica da zona-alvo

Os resultados das entrevistas presenciais com as pessoas do aterro deram ideias aprofundadas sobre a situação socioeconómica do grupo-alvo.

A informação combinada sobre 3 sindicatos sugere que o rendimento médio mensal do grupo solvente é de cerca de 21.500 Tk. O rendimento é gerado pelas pessoas que têm uma atividade geradora de rendimentos provenientes da agricultura, de negócios ou de empregos regulares. As pessoas que dependem apenas da agricultura não podem ganhar muito. A maioria do grupo dos solventes ganha cerca de Tk. 8000 por mês. As pessoas da categoria pobre ganham em média Tk. 2450, enquanto as pessoas ultra pobres conseguem ganhar cerca de Tk. 1860 por mês, principalmente trabalhando como mão de obra ou puxando riquexós. Verificou-se também que as pessoas pobres e ultra pobres são mais afectadas pela erosão fluvial. São vítimas da erosão fluvial mais do que uma vez. A erosão fluvial afectou o seu nível de vida e diminuiu-o. 100% dos inquiridos do grupo ultra pobre sofreram com a erosão fluvial. Ao mesmo tempo, apenas 8% do grupo dos solventes sofreram com a erosão fluvial. Existe, portanto, uma ligação entre a capacidade financeira e a capacidade de sobrevivência. As pessoas financeiramente capazes podem antecipar a erosão e tomar medidas preventivas. Têm a capacidade de mudar as suas casas para minimizar as perdas causadas pela erosão. Mas as pessoas com capacidade limitada não podem tomar medidas efectivas para minimizar as perdas.

Tabela: 11: Situação socioeconómica (combinada)

	Combinado			
	Solvente	**Principalmente solvente**	**Pobres**	**Ultra pobre**
Membro da família (média)	8	7	8	7

Rendimento médio mensal	Tk.21500	Tk. 8000	Tk.2480	Tk.1860
O que é que as crianças fazem?	Educação	8% de trabalhadores	25% de mão de obra	67 %Trabalho
Vítima da erosão fluvial	8 %	83%	83%	100%
Situação económica comparada com a de há 10 anos	Melhor 100%	Misto	Pior 33%	Pior 100%
Recebeu alguma ajuda	não	Sim 8%	Sim 83%	Sim 92%
Tipo de ajuda		Arroz - 3 meses ONG - Arroz, Dal, Óleo, Trigo	Arroz, lentilhas, dinheiro, VGD	Arroz, tecido, politina, louça, dinheiro
Empréstimo bancário	25%	8%	8%	Não

O tamanho médio da família é de 7 pessoas para todos os níveis. As crianças pertencem ao grupo dos solventes e, na sua maioria, frequentam a escola ou dedicam-se a uma atividade geradora de rendimentos depois de terem recebido alguma educação. Mas os dados da tabela 11 mostram que 67% das crianças de pessoas ultra pobres trabalham como mão de obra.

A investigação revelou igualmente que as pessoas solventes afirmam que a sua situação financeira é melhor do que há 10 anos. Embora a maioria das pessoas solventes em Gokunda e Khuniagach esteja em melhor situação, a situação de Rajpur é pior, uma vez que a erosão fluvial é maior nesta união.

Os dados também mostram que as pessoas ultra pobres e pobres afectadas pela erosão receberam algum tipo de ajuda, embora possa não ser suficientemente adequada. 92% das pessoas ultra pobres receberam ajuda em dinheiro ou em géneros, enquanto 83% das pessoas pobres receberam ajuda.

As pessoas solventes podem obter um empréstimo agrícola. Mas o quadro mostra que quanto mais pobre é a pessoa, menor é a possibilidade de obter um empréstimo. As pessoas ultra pobres nunca obtiveram um empréstimo e apenas 8% das pessoas pobres obtiveram um empréstimo.

4.1.1União de Gokunda

A situação na União de Gokunda é melhor do que nas outras duas uniões. Isto deve-se ao facto de o centro comercial estar situado aqui. A ligação rodoviária e ferroviária está disponível aqui. As pessoas têm mais oportunidades. O rendimento do grupo de solventes é mais elevado do que o de outras duas uniões. As pessoas estão melhor do que nos últimos 10 anos. As crianças são maioritariamente enviadas para a escola. As pessoas solventes também têm acesso a empréstimos.

Quadro: 12: Situação da União de Gokunda

	Gokunda			
	Solvente	**Principalmente Solvente**	**Pobres**	**Ultra pobre**
Membro da família (média)	8	7	8	7
Rendimento médio mensal	Tk.27500	Tk. 8750	Tk.2625	Tk.1850
O que é que as crianças fazem?	Educação	Educação	Educação	50 %Trabalho
Vítima da erosão fluvial	Não	50%	50%	100%
Situação económica em comparação com 10 anos atrás	Melhor 100%	Melhor 100%	Pior 50%	Pior 100%
Recebeu alguma ajuda	não	não	Sim 50%	Sim 100%
Tipo de ajuda			Arroz, VGD	Arroz,

				dinheiro
Empréstimo bancário	75%	25%	não	Não

4.1.2União de Khuniagach

A situação na União de Khuniagch é pior em comparação com as outras duas uniões. Isto deve-se ao facto de o centro comercial estar muito longe da união. A ligação rodoviária não é nada boa. As pessoas têm muitos problemas para se deslocarem aos centros comerciais mais próximos. Devido a este problema, não foi possível recolher a informação relacionada com os solventes. O rendimento da maioria do grupo dos solventes e do grupo dos pobres é inferior ao de Gokunda. As pessoas estão a viver melhor do que nos últimos 10 anos. A maioria das crianças não vai à escola. As pessoas solventes também têm acesso a empréstimos principalmente agrícolas.

Quadro: 13: Situação da União de Khuniagach

	Khuniagach			
	Solvente	**Principalmente Solvente**	**Pobres**	**Ultra pobre**
Membro da família (média)		8	8	8
Rendimento médio mensal		Tk. 7250	Tk.2500	Tk.1825
O que é que as crianças fazem?		25% de mão de obra	25% mão de obra 50% nada	50% Trabalho 50% nada
Vítima da erosão fluvial		100%	100%	100%
Situação económica em comparação com 10 anos atrás		Melhor 75%	Pior 25%	Pior 100%
Recebeu alguma ajuda		Não	Sim 100%	Sim 75%

Tipo de ajuda			Arroz, lentilhas, dinheiro, VGD	Arroz, tecido, politina, louça, dinheiro
Empréstimo bancário		25%	25%	Não

4.1.3União de Rajpur

A situação na União de Rajpur é pior em comparação com Gokunda, mas melhor em comparação com Khuniagach. O centro comercial não fica muito longe da união. A ligação rodoviária não é de todo boa. As pessoas têm dificuldade em deslocar-se aos centros comerciais mais próximos. O rendimento do grupo maioritariamente solvente é, no entanto, muito inferior ao de Gokunda, talvez devido à falta de oportunidades de negócio e à dependência da agricultura. No entanto, as pessoas não estão a fazer melhor do que nos últimos 10 anos. A maioria das crianças do grupo de rendimento elevado não vai à escola, mas o mesmo não acontece com as famílias pobres. As pessoas solventes também têm acesso a empréstimos principalmente agrícolas.

Quadro: 14: Situação da União Rajpur

	Rajpur			
	Solvente	**Principalmente Solvente**	**Pobres**	**Ultra pobre**
Membro da família (média)	7	7	7	7
Rendimento médio mensal	Tk. 15,500	Tk. 8000	Tk.2325	Tk.1900
O que é que as crianças fazem?	Educação	Educação	50% de mão de obra	Trabalho
Vítima da erosão fluvial	25%	100%	100%	100%
Situação económica	Melhor	Pior 100%	Pior	Pior

em comparação com 10 anos atrás	100%		25%	100%
Recebeu alguma ajuda	Não	Sim 25%	Sim 100%	Sim 100%
Tipo de ajuda		Arroz - 3 meses ONG - Arroz, Dal, Óleo, Trigo	Arroz, pano, VGD	Arroz, Lata, VGD
Empréstimo bancário	Não	25%	não	Não

4.2 Padrão de cultivo

A investigação efectuada em Gokunda, Khuniagach e Rajpur revelou alguns **padrões de cultivo actuais** comuns.

1. Arroz-Juta-Batata
2. Arroz-Juta-Milho
3. Arroz-Juta-Trigo
4. Arroz-Juta-Tabaco

Os padrões de cultivo comuns anteriores eram

5. Arroz- Juta-Cana-de-açúcar
6. Arroz -Juta- Tabaco
7. Arroz-Juta-Mostarda

Tabela:15: Padrão de cultivo

	Culturas actuais	Culturas anteriores	Melhor Época	Pior Época	Observações
Gokunda	Arroz-Juta-Batata Milho Tabaco trigo	Arroz-Juta-Cana-de-açúcar-Tabaco Trigo	maio-junho Nov-Jan	agosto-setembro-outubro	

Khuniagach	Arroz-Fut | Batata Milho Tabaco	Arroz-Juta-_MostardaTabaco	maio-Jun-Jul Nov-Dez- Jan	agosto-setembro-outubro	Os ultra pobres não cultivam
Rajpur	Arroz-tut(-) Batata-	Arroz-Juta-Trigo-	maio-Jun-Jul	agosto-setembro-outubro	Os ultra pobres não
	Milho-trigo Tabaco	Tabaco	Nov-Dez-Jan		cultivar

A informação apresentada no quadro 15 reflecte igualmente que a cultura da cana-de-açúcar deixou de ser praticada, embora fosse considerada uma cultura de rendimento, uma vez que os moinhos de açúcar do governo não funcionam. A batata tornou-se uma cultura de rendimento para o inverno, em vez do tabaco, que era anteriormente a cultura de rendimento mais importante.

No entanto, o cultivo da batata apresenta alguns problemas para os agricultores pobres. O cultivo da batata requer mais investimento e mão de obra. Mas alguns dias de mau tempo podem destruir uma colheita. Também se a produção for boa, muitas vezes o preço de mercado é baixo. As instalações de armazenamento a frio exigem custos. Os agricultores pobres muitas vezes não podem esperar para converter a sua colheita em dinheiro. Assim, os agricultores ricos e os investidores externos arrendam terras para cultivar batata. Além disso, os solos das terras de charneca e das margens dos rios não são bons para a batata. No caso do tabaco, o governo está a desencorajar a sua produção e a indústria *do bidi* está a perder terreno. Consequentemente, os agricultores pobres não estão em condições de beneficiar dos novos modelos de cultivo.

4.3 Perda de Erosão

A informação relativa à perda na erosão, particularmente a perda de terra em 3 sindicatos, reflecte a vulnerabilidade das pessoas pobres e ultra pobres (Quadro 16). 100% das pessoas ultra pobres perderam as suas terras devido à erosão, enquanto 70%

das pessoas pobres perderam as suas terras. Por outro lado, apenas 8% das pessoas solventes perderam as suas terras devido à erosão.

Tabela:16 : Perda de erosão combinada

	Tipo de inquirido	Vítima de Erosão fluvial	Tipos de perdas	Área média/quantidade	Valor monetário atual (apx)
3 uniões	Solvente	8%	Terreno	1 Acre	Tk. 1,35,000
	Principalmente solvente	67%	Terreno	1,72 Acre	Tk. 2,32,200
	Pobres	70%	Terreno	1,91 Acre	Tk. 2,57,850
	Ultra pobre	100%	Terreno	1,71 Acre	Tk. 2,30,850

Nota: 1 acre = 3 bigha. 1 bigha= Tk. 45.000 (taxa atual)

A Tabela-17 reflecte claramente o impacto da erosão fluvial na condição socioeconómica das pessoas pobres e ultra pobres na área de investigação. A evidência empírica mostra uma relação entre a erosão fluvial e o nível de vida pobre. Os ultra pobres são as pessoas que são mais frequentemente afectadas pela erosão fluvial. Mas, devido à sua falta de capacidade financeira, não podem deslocar-se. Assim, ficam expostas a uma erosão fluvial ainda maior. Simultaneamente, a qualidade do solo sofrerá uma erosão e não poderão cultivar culturas de rendimento que exigem mais investimento. Assim, ficarão na armadilha da pobreza. Nem mesmo a ajuda de diferentes fontes será capaz de os tirar desta armadilha. São pessoas mentalmente e fisicamente afectadas. Por isso, tornam-se fatalistas.

Tabela:17: Frequência da erosão fluvial

	Tipo de inquirido	Vítima de Erosão fluvial	Quantas vezes (frequência da perda)	Ano

3 uniões	Solvente	8%	1	1999
	Principalmente solvente	67%	111111111	2004,1979,1999,1983
	Pobres	70%	1113321113	1993,1998,1994
	Ultra Pobres	100%	223333222131	2005,1991,1997,2002,2001,2003,1998

Nota: 1=afetado uma vez, 2=um afetado duas vezes, 3=afetado três vezes

4.3.1Perda de Erosão : Gokunda

Os resultados da entrevista mostram que o grupo de solventes em Gokunda não sofreu o impacto da erosão fluvial. No entanto, a maioria do grupo de solventes perdeu algumas terras e outros bens. As pessoas pobres também perderam terras e árvores. As pessoas ultra pobres também foram afectadas (Quadro 18). Devido às condições geográficas, as pessoas que vivem nesta união têm a oportunidade de mudar as suas casas de outra parte da união, onde a erosão não ocorrerá.

4.3.2Perda de Erosão : Khuniagach

Os resultados da entrevista mostram que, à exceção do grupo dos solventes, todos os outros grupos de inquiridos foram vítimas da erosão fluvial. Todas as vítimas sofreram perdas de terras, bens, árvores e até de animais. Não admira que esta união seja a área mais afetada.

Tabela:18 : Detalhe da perda por erosão

	Tipo de inquirido	Vítima da erosão fluvial	Tipos de perdas	Área média/quantidade	Valor monetário atual (apx)
Gokunda	Solvente	Não			
	Principalmente solvente	50%	Terreno	2 Bigha	Tk. 90.000

	Pobres	50%	Terreno	1 Acre	Tk. 1,35,000
			Árvore	7	Tk. 10.500
	Ultra pobre	100%	Terreno	1 Acre	Tk. 1,35,000
			Casa		Tk. 4,000
			Árvore	7	Tk. 10.500
Khuniagach	Solvente	Não			
	Principalmente solvente	100%	Terreno	3,5 acres	Tk.4,72,500
			Ativo		Tk. 12.500
			Árvores	11	Tk. 16.500
	Pobres	100%	Terreno	3 Acre	Tk. 4,05,000
			Árvore	10	Tk. 15.000
			Ativo		Tk. 28,300
			Animal	1	Tk. 8.000
	Ultra pobre	100%	Terreno	1,75 Acre	Tk. 78.750
			Casa	1	Tk. 30,000
			Árvore	7	Tk. 10.500
			Activos		Tk. 12.000
Rajpur	Solvente	25%	Terreno	1 Acre	Tk. 1,35,000
			Árvore	7	Tk. 10.500
	Principalmente solvente	50%	Terreno	1 Acre	Tk. 1,35,000
			Árvores	3	Tk. 4,500
	Pobres	75%	Terreno	1,75 Acre	Tk. 2,36,250

			Árvore	7	Tk. 10.500
	Ultra pobre	100%	Terreno	1,13 Acre	Tk. 1,51,875
			Árvore	10	Tk. 15.000

Nota: 1 acre= 3 bighs, 1 bigha=Tk.45,000, I árvore= Tk.1500

4.3.3Perda por erosão : Rajpur

Os resultados da entrevista mostram que todos os inquiridos foram vítimas da erosão fluvial. Todas as vítimas sofreram perdas de terras, bens, árvores e até de animais. Mas a perda é baixa em comparação com Khuniagach. Parece que, devido à proximidade com Gokunda, puderam tomar algumas medidas para minimizar as perdas. (Tabela 18)

4.4 Padrão de enfrentamento

A informação fornecida na Tabela-19 dá uma ideia ampla sobre o padrão de sobrevivência das pessoas afectadas pela erosão fluvial. Um padrão simples na estratégia de sobrevivência e na condição financeira é evidente se a informação for analisada. As pessoas podem antecipar a erosão fluvial seguindo de perto o padrão de erosão fluvial ao longo dos anos. Não é difícil antecipar o curso futuro do rio, mas o momento pode estar errado, uma vez que o rio pode ou não sofrer erosão todos os anos. Mesmo o ritmo da erosão não é sempre o mesmo. As pessoas financeiramente capazes, com uma previsão razoável, preparam-se para enfrentar a erosão do rio. Se puderem antecipar a ameaça de perderem a casa, mudam-na para locais seguros. Tomam medidas para adquirir terrenos adequados fora do alcance da erosão fluvial. As pessoas solventes têm geralmente diferentes fontes de rendimento, como empregos e negócios, para além do rendimento da agricultura. Assim, o impacto da erosão fluvial não é grave para elas. Com um planeamento adequado e poupanças, podem gerir as perdas causadas pela erosão.

Tabela:19 : Padrão combinado de enfrentamento

	Tipo de inquirido	Afetado pela	Questão	Padrões de enfrentamento

		erosão		
3 uniões	Solvente	8%	1.Alimentos 2. Rendimento 3. Habitação	1.Salário 2. Emprego 3. Nova casa
	Principalmente solvente	67%	1.Alimentos 2. Rendimento 3. Habitação	1. Utilização de poupanças/empréstimos/venda de activos 2. Negócio/ empréstimo/ venda de activos 3. Compra de terreno/casa alheia
	Pobres	83%	1.Alimentos 2. Rendimento 3. Habitação	1. venda de activos/trabalho 2.trabalho 3. Na estrada do governo
	Ultra pobre	100%	1.Alimentos 2. Rendimento 3. Habitação	1.Venda de activos/empréstimo/trabalho/subvenção 2. empréstimo/subvenção 3. em estrada pública/barragem/casa de terceiros

O problema mantém-se com as pessoas que têm uma capacidade financeira muito limitada (quadro 20). As razões financeiras impedem-nas de mudar de casa. Rezam a Deus, como refere Islam (1974) no seu artigo. Mesmo assim, quando o rio se aproxima perigosamente, arranjam um lugar para se abrigarem temporariamente. A casa pode ser transferida para outro pedaço de terra. O abrigo temporário pode ser em propriedade do governo, estradas, barragens de proteção contra inundações ou casas de terceiros. Para satisfazer as necessidades básicas, as pessoas utilizam as poupanças.

Em seguida, a opção seguinte é vender o pequeno património que possuem. Pode tratar-se de um objeto de decoração, de uma sombra de lata, de um animal doméstico, de um móvel ou de uma loiça. A venda de terrenos ou a concessão de hipotecas são outras opções. A procura de empréstimos é outra forma de estratégia de sobrevivência para as pessoas afectadas pela erosão. As pessoas também procuram ajudas, subsídios e ajuda de fontes governamentais e não governamentais. Uma outra forma importante é o sentimento de solidariedade ou de parentesco. Muitas vezes, as pessoas recorrem a familiares próximos e vizinhos para obterem apoio.

As pessoas afectadas pela erosão fluvial enfrentam frequentemente dificuldades para ganhar a vida. O seu nível de vida diminui. A maior parte das vezes, têm de migrar para outros locais e trabalhar como diaristas. As mulheres trabalham em casas alheias para se alimentarem e, por vezes, para se abrigarem. Por vezes, as crianças deixam de ir à escola e começam a trabalhar para sobreviver. Muitas vezes, as crianças foram empregadas em casas alheias como empregadas domésticas para reduzir o tamanho da família.

Tabela:20 : Padrão de enfrentamento na área de pesquisa

	Tipo de inquirido	Afetado pela erosão	Questão	Padrões de enfrentamento
Gokunda	Solvente	Não		
	Principalmente solvente	50%	1.Alimentos 2. Rendimento	1. utilização da poupança 2. Negócios

			3. Habitação	3. Aquisição de terrenos
	Pobres	50%	1.Alimentos 2. Rendimento 3. Habitação	1. venda de activos/trabalho 2. trabalho 3. Na estrada do governo
	Ultra pobre	100%	1.Alimentos 2. Rendimento 3. Habitação	1. venda de activos/empréstimos/trabalho/subsídio 2. empréstimo/subvenção 3. Em estrada pública/barragem/casa alheia
Khuniagach	Solvente	Não		
	Principalmente solvente	100%	1.Alimentos 2. Rendimento 3. Habitação	1. empréstimos/activos vendidos 2. Trabalho/activos vendidos 3. Outros casa
	Pobres	100%	1.Alimentos 2.	1. activos vendidos/empréstimo/ 2. Empréstimo/trabalho/empresa

			Rendimento 3. Habitação	3. Outras casas/estradas
	Ultra pobre	100%	1.Alimentos 2. Rendimento 3. Habitação	1. subvenção/venda de activos/ajuda 2. trabalho 3. Na estrada do governo/terreno alheio
Rajpur	Solvente	25%	1.Alimentos 2. Rendimento 3. Habitação	1.Salário 2. Emprego 3. Nova casa
	Principalmente solvente	50%	1.Alimentos 2. Rendimento 3. Habitação	1.Empréstimo 2. Negócios 3. Outros casa
	Pobres	100%	1.Alimentos	1.Empréstimo/Concessão/

			2. Rendimento 3. Habitação	2.trabalho 3. Outras casas/estradas
	Ultra pobre	100%	1.Alimentos 2. Rendimento 3. Habitação	1. ajuda/concessão 2.trabalho 3. Na estrada do governo/terreno alheio

4.5 Sugestões dos inquiridos

Os inquiridos deram-nos as suas opiniões sobre as medidas que o governo deveria tomar para melhorar o nível de vida das pessoas afectadas (Tabela 21). 73,5% dos inquiridos expressaram a sua opinião de que a criação de emprego é a chave para minimizar os efeitos da erosão fluvial nas pessoas pobres e ultra pobres. Muitos outros (66%) pensaram que a ajuda financeira pode ser eficaz para este fim. No entanto, uma percentagem insignificante de pessoas apelou à atribuição de terrenos e de facilidades de habitação às pessoas afectadas para minimizar as suas perdas.

Quadro:21: Sugestão para alterar a situação

	Gokunda	Khuniagach	Rajpur	Combinado
1. Ajuda financeira	50%	67%	81.25%	66%
2. criação de emprego	75%	83%	62.5%	73.5%
3. Terrenos	12%			4%

4. Habitação		17%	6.25%	7.75%

Capítulo 5

5. Recomendações

Existem dois tipos de pobreza - pobreza transitória (pobreza de curta duração) ou pobreza crónica (pobreza permanente). As pessoas que possuem activos suficientes podem recuperar quando ultrapassarem o choque da erosão fluvial. Podem cair numa situação de pobreza de curta duração, mas recuperarão. Mas as pessoas com activos muito limitados nunca recuperarão. A erosão fluvial pode empurrá-las para a pobreza crónica. A informação mostra que as pessoas pobres e ultra pobres estão a perder o seu poder de luta. A Tabela -17 reflecte o facto de as pessoas ultra pobres serem as vítimas mais frequentes da erosão fluvial. Por conseguinte, a sua capacidade de resposta é muito limitada. A erosão fluvial torna-os mais pobres. Perdem as poucas poupanças que têm. O seu nível de vida diminui ainda mais, a sua ingestão de alimentos altera-se, as suas casas tornam-se mais frágeis e tornam-se menos activos, ficando assim vulneráveis a qualquer calamidade.

5.1 Alimentação e microcrédito

Os pobres e os mais pobres que vivem nestas zonas merecem uma atenção prioritária em períodos de aflição. Deveriam receber maiores dotações de alimentos para satisfazer as suas necessidades de consumo a curto prazo, bem como outras ajudas para a reconstrução das casas. Dadas as falhas generalizadas do mercado de crédito e de seguros durante os períodos de catástrofe, as agências de microcrédito deveriam também considerar o financiamento da migração sazonal dos pobres.

5.2 Iniciativa governamental

As políticas governamentais de combate à pobreza devem ter em conta a situação das pessoas afectadas pela erosão dos rios. A pobreza transitória pode ser combatida encontrando formas de evitar a erosão dos rendimentos e concebendo programas de apoio financeiro adequados. As medidas de saúde pública combinadas com programas inovadores de acesso ao crédito, como as microfinanças do tipo Grameen, podem servir de mecanismo de proteção. No entanto, o combate à pobreza crónica implica a prossecução de políticas de base alargada para o crescimento do rendimento e do emprego, dando maior ênfase ao aumento da dotação de activos físicos, incluindo a reforma agrária e o acesso ao crédito, bem como à criação de capital humano e à promoção da capacitação individual e comunitária.

F. Referências:

Anexo: 1

Referência

Baulch, B. e J. Hoddinott (2000), "Economic Mobility and Poverty Dynamics in Developing Countries", *Journal of Development Studies*, agosto.

Begum, S. (1996), "Health Dimensions of Poverty". Em H.Z. Rahman, M. Hossain, e B. Sen (eds.), *1987-1994: Dynamics of Rural Poverty in Bangladesh*, Bangladesh Institute of Development Studies, Dhaka (Projeto).

Dercon, S. e P. Krishnan (2000), "Vulnerability, Seasonality and Poverty in Ethiopia", *Journal of Development Studies*, agosto.

Hossain, M., B. Sen, H.Z. Rahman (2000), "Growth and Distribution of Rural Income in Bangladesh. Analysis Based on Panel Survey Data". *Economic and Political Weekly*, Vol. XXXV, Nos. 52 e 53, 30 de dezembro, Mumbai (Índia).

Islam, N. (2001), "The Open Approach to Flood Control: the Way to the Future in Bangladesh", *Futures*, Vol. 33, Nos. 8/9, outubro/novembro.

Jalan, J. e M. Ravallion (2000), "Is Transient Poverty Different? Evidence for Rural China", *Journal of Development Studies*, agosto.

Morduch, J. (1994), "Poverty and Vulnerability", *American Economic Review*, Vol. 84, No. 2.

Rahman, H.Z. (1996), "Crisis, Income Erosion, and Coping". Em H.Z. Rahman, M. Hossain e B. Sen (eds.), *1987-1994: Dynamics of Rural Poverty in Bangladesh*, Bangladesh Institute of Development Studies, Dhaka (Projeto).

Sen, B. (1996), "Movement in and out of Poverty: A Tentative Explanation". Em H.Z. Rahman, M. Hossain, e B. Sen (eds.), *1987-1994: Dynamics of Rural Poverty in Bangladesh*, Bangladesh Institute of Development Studies, Dhaka (Projeto).

Ecologia adversa, vulnerabilidade e pobreza crónica: A experiência das cheias de 1998

[4}Mahbuba Nasreen, Investigação sobre catástrofes: Explorando a abordagem sociológica das catástrofes no Bangladesh

Referências na Internet

Lista de documentos comprovativos

1. http://www.springerlink.com/content/u700162162qv1l83/fulltext.pdf?page=1 descarregado em 7th junho de 2009.

2. http://www.bangladeshsociology.org/Sociology%20of%20Disaster.htm

3. http://depot.gdnet.org:6666/cms/conference/papers/3rd day3 8 paper%20SEN.d oc

4. http://www.newagebd.com/2007/dec/01/climatechange07/07.html

5. http://www.karmayog.org/dm/upload/24127/res08040903.doc

6. http://www.iseis.org/eia/pdfstart.asp?no=04085

7. http://www.un.org/womenwatch/daw/csw/env manage/documents/EP6-2001Nov01.pdf

8. http://www.coastbd.org/Conference%20260507/Pdf%20English/5.pdf

Anexo 2:

Padrão de resposta das pessoas afectadas pela erosão e inundações do rio Tista em Lalmonirhat Sadar Upazilla.

Questionário de inquérito

(Todas as entrevistas serão realizadas em bangla e as respostas serão depois registadas no questionário em inglês)

Asslam-o-alikum

Chamo-me ASM Shahidul Haque. Estou a realizar uma investigação para descobrir o impacto da erosão fluvial nas pessoas que vivem no aterro. A vossa opinião é muito importante e podem ajudar-me dando algumas respostas.

Todos os anos, muitas pessoas na sua região são afectadas pelas inundações e pela erosão do rio Tista. Perdem-se colheitas, terras, fertilidade das terras, casas e vidas devido a esta situação. Gostaria de saber a vossa opinião sobre este assunto. Este é um trabalho académico. Ajudará as pessoas que querem ajudar-vos a ultrapassar esta situação.

A. Informações sobre o inquirido:

Nome dos inquiridos	
Nome do pai	
Endereço	
Aldeia - Tista □ Rajpur □ Modhuram □ □ Kalamati □ Khuniagacha	□
Ocupação	
Agricultor □ Agricultor por quotas □ Pequeno comerciante□ Professor □ Político □ Trabalhador □ Mulher doméstica □ Estudante	Comprador □ Pescador □ Artesão □ Outros □□
Religião - Muçulmano □ Hindu □ Outros	**Membros da Câmara -**
Rendimento mensal - Monetário-Tk. AgriculturaEmpresas- Outros-	**Despesas mensais** - até 500 □ 1000 □1500 □ 2000 □ 3000 □ 5000 □ 7000 □ 10000 □ 11000 e mais
Idade -	**Número de contacto (se existir)**

8. Responda às seguintes perguntas (serão feitas em bangla)

1. Há quantos anos vive nesta casa?

Natureza da propriedade da casa:

□ Próprio □ Alugado □ Construído em terreno privado □ Construído em terreno do Governo □ Casa de um parente □ Ocupante □ Abrigo temporário

2. Já alguma vez perdeu a sua casa devido à erosão fluvial?

□ Sim □ Não

Em caso afirmativo, quantas vezes nos últimos 40 anos?

□ em que anos? □ □□□□

Por favor, dê uma descrição da sua perda em erosão:

Quantidade de terras ---------------------- perdidasFamílias ---------------------

Árvores -------------------------------------- Gado ----------------------------------

Aves de capoeira --------------------------- Artigos para o lar -------------------

3. O que fez na altura em que o rio corroeu a sua casa e o seu terreno?

Alimentação---

Casa

Ganhos ---

Membro da família---

Outros activos tangíveis ---

4. Quais são os produtos agrícolas que cultiva?

□ Arroz (que tipo) □□□□

□ Juta □ Tabaco □ Cana-de-açúcar □ Milho □ Trigo □

□ Vegetais □□□□□

Padrão de cultivo ao longo do ano:

1

2

3

4

Padrão de cultivo anterior:

2

3

4

5. **Qual foi o seu prejuízo em termos de inundações e erosão anuais?**

□ Perda de culturas (que tipo) .... Montante ....

□ Produtividade da agricultura...

□ Fertilidade da terra (depósito de areia) ....

□ Perda de rendimentos.. ....

□ Perda de terras agrícolas ....

□ Perda de árvores...

□ Perdas em bovinos e aves de capoeira...

□ Perda em activos tangíveis ....

□ Outros ....

6. **Como é que lidou com a erosão fluvial e as inundações?**

□ Mudança de casa..

□ Mudança de cultivo ....

□ Mudança de profissão...

□ Alteração do nível de vida...

□ Deslocação..

□ Utilização da poupança..

□ Venda de activos (terreno/casa/ornamento/gado/mobiliário/)...............................

□ Interrupção da educação das crianças...

□ Venda de activos...

□ Desfazer-se de membros da família..

□ Venda de mão de obra ....

□ Ingerir menos alimentos ....

□ Contrair um empréstimo...

□ Ajuda de emergência (governo/ONG)...

□ Aceitar subvenções/doações (particulares/parentes) ....

□ Outros ....

□

□

□

□

7. **Qual é a sua opinião sobre as condições financeiras das pessoas desta zona? (indicar a percentagem)**

□ Solvente todo o ano ....

□ Pode comer três vezes por dia durante todo o ano

□ Pode comer duas vezes por dia durante todo o ano

□ Passar fome durante todo o ano ....

□ Depender totalmente dos outros ....

100%

8. **Considera que, em média, o nível de vida mudou nesta zona nos últimos 10 anos?**

□ Melhor do que há 10 anos

□ O mesmo nos últimos 10 anos

□ Pior do que nos últimos 10 anos

9. **Alguma vez contraiu um empréstimo junto de um banco?**

□

□

10. **Já recebeu alguma ajuda (em dinheiro ou em espécie) de outras pessoas?**

□ Governo ....

□ Alívio --------------------------------

□ Dinheiro -----------------------------

□ Inpur

□ Rede de segurança ------- Cartão --------------- VGDEmprego -------------

□ ONG...

□ Alívio --------------------------------

□ Dinheiro -----------------------------

□ Inpur

□ Outros --------------------- Cartão -------------VGDEmprego--------------

□ Privado..

□ Parentes -------------------------------------□ ---------------Empréstimo □ Subsídio

□ Doação --------------------------------------

□ Empréstimo ---------------------------------

Outros...

Agradeço as vossas respostas e o vosso tempo. As suas respostas não serão divulgadas individualmente e serão utilizadas apenas para efeitos de relatório. Se precisar de alguma informação, não hesite em contactar 01711832037.

Os meus melhores cumprimentos. Assalam-o-alikum.

Padrão de resposta das pessoas afectadas pela erosão e inundações do rio Tista em Lalmonirhat Sadar Upazilla.

(Uma orientação para grupos de discussão)

(Todas as entrevistas serão realizadas em bangla e as respostas serão depois registadas no questionário em inglês)

Asslam-o-alikum

Chamo-me ASM Shahidul Haque. Estou a realizar uma investigação para descobrir o impacto da erosão fluvial nas pessoas que vivem no aterro. A vossa opinião é muito importante e podem ajudar-me dando algumas respostas.

Todos os anos, muitas pessoas na sua região são afectadas pelas inundações e pela erosão do rio Tista. Perdem-se colheitas, terras, fertilidade das terras, casas e vidas devido a esta situação. Gostaria de saber a vossa opinião sobre este assunto. Este é um trabalho académico. Ajudará as pessoas que querem ajudar-vos a ultrapassar esta situação.

A. Informações sobre o inquirido:

Nome do inquirido	
Nome do pai	
Nome da mãe	
Endereço	
Aldeia - Tista □ Rajpur □ Modhuram □ □ Kalamati □ Khuniagacha	□
Ocupação	
Agricultor □ Agricultor por quotas □ Pequeno comerciante□	Comprador □ Pescador □ Artesão □
Professor □ Político □ Trabalhador □ Mulher do lar □ Estudante	Outros □□

Religião - Muçulmano □ Hindu □ Outros	**Membros da assembleia** -
Rendimento mensal - Monetário-Tk. AgriculturaEmpresas- Outros-	**Despesas** mensais-
Idade -	**Número de contacto (se existir)**

B. Um grupo de discussão deve debater os seguintes tópicos (serão perguntados em bangla)

1. Natureza da cultura em comum

1.1 Percentagem de agricultores que cultivam as suas próprias terras

1.2 Como é feita a colheita de acções?

1.3 Sistema de aluguer anual---

1.4 Outras questões relacionadas

1.5 Cultura anterior (para ver a mudança)

2. Salário dos trabalhadores agrícolas

2.1 MonetárioAltoBaixo Variação sazonal

2.2 Dinheiro e comida

2.3 Dinheiro e géneros

2.4 Alimentos e géneros

2.5 Taxa salarial anterior (para ver a alteração)

3. Disponibilidade de mão de obra agrícola

3.1 Quando está mais disponível (porquê?)

3.2 Quando não está disponível (porquê?)

3.3 Fontes de rendimento alternativas

3.4 Experiência anterior (para ver a mudança)

4. Padrão de cultivo

4.1 Padrão de cultivo existente

4.2 Padrão de cultivo anterior

4.3 Alterações (Porquê)

5. Consumo alimentar dos habitantes dos aterros

5.1 Consumo atual de alimentos

- Três refeições durante todo o ano (%)

- Duas refeições durante todo o ano (%)

- Passar fome durante quase todo o ano (%)

5.2 Consumo alimentar anterior

-Mudanças

6. Tipo médio de habitação

6.1 Construção em tijolo (%)

6.2 Galpão de estanho (%)

6.3 Galpão de estanho e mistura de Kher (%)

6.4 Apenas Kher (%)

7. Informações sobre a pesca, a criação de gado e a criação de aves

7.1 Gado médio do agregado familiar

7.2 Aves de capoeira necrófagas

7.3 Lago de pesca

7.4 Árvores

7.5 Outros

8. Situação financeira das pessoas

8.1 Solvente ano inteiro (%)

8.2 Insolvente durante todo o ano (%)

8.3 Solvente durante a maior parte do ano (%)

8.4 Insolvente na maior parte do ano (%)

9. Padrão de resposta das pessoas em caso de erosão fluvial

9.1 Casa

9.2 Terreno

9.3 Ingestão de alimentos

9.4 Activos corpóreos

9.5 Padrão de vida

9.6 Agricultura

9.7 Ocupação

9.8 Árvores

10. Como é que o governo/ONG/Outros desempenham um papel na resposta

Agradeço as vossas respostas e o vosso tempo. As suas respostas não serão divulgadas individualmente e serão utilizadas apenas para efeitos de relatório. Se precisar de alguma informação, não hesite em contactar 01711832037.

Com os melhores cumprimentos. Assalam-o-alikum.

MIX
Papier aus verantwortungsvollen Quellen
Paper from responsible sources
FSC® C105338

Printed by Books on Demand GmbH, Norderstedt / Germany